JN437223

꽃 진자리 꽃 피고

함창석 시집

꽃 진자리 꽃 피고

지은이 / 함창석
펴낸곳 / 열린출판사
초판 펴낸 날 / 2019년 12월 10일
등록번호 / 제2-1802호
등록일자 / 1994년 8월 3일
주소 / 경기 시흥시 하중로 203
전화 / (02)2275-3892 팩스(031)318-3384
전자우편 / poemreview@empas.com

ISBN 978-89-87548-98-2 03800
값 13,000원

함창석 시집

꽃 진자리 꽃 피고

열린출판사

시인의 말

봄 여름 가을 겨울
지나온 한 해
예순 일곱 번째인가
고이던 눈물방울인가
흠뻑 배어나던 피땀인가
눈코 입귀 살갗
밤낮으로
생각이나 느낌이
차곡하게 쌓여 가기에
한아임 당신이
보내신 하늘의 사자시라
지금 돕는 손길들
너무 고마워
송이 꽃 몇 수 올린다

2019년 늦가을
원주 봉산에서 산돌 함창석

목차

제1부

제2부

제3부

제4부

제1부

이슬같이

아랫도리 흠뻑 젖는 날
풀숲에 내린 아침 이슬이
스며들어 바짓가랑이 휘휘 감기고

한 날 아침 오솔길 이슬을 차고
나갔다 집에 들어올 때면
기분은 언제라도 상쾌하나

전쟁 때 남편 잃고
얼마 지나지 않아
아들 마저 세상을 떠났다는
할머니

덧없는 세월 흘러
소녀의 눈가에 맺힌 이슬
볼 아래로
또르르

이화梨花

눈부신 날에

춤추는 나비라더냐

맑은 강가에

거니는 백로라더냐

봄을 알리며

하얗게 피는 이화라

아름다움이

하늘아래 으뜸이구나

도열 挑列

푸른 장송 옆에서

붉은 자태라 말들 하드냐

노란 국화 앞에서

비천한 여라 무시 하드냐

청상과부 정원에

벽도화를 심어 놓았더니

임금님 행차에도

부정 쓸어내는 도열이라

꽃 진자리 꽃 피고

과거급제 상징해
머리 장식용 수식화로
올 곧은 참대오리 두개에다
푸른 물이 든 종이로
감고 비틀어 꼬아

군데군데 다홍 보라 노란색
세 가지 꽃종이 꿰어
복두 위에 꽂아
붉은 명주실로 잡아매
활대처럼 휘어 드리우니

울 안에 심은 어사화
다른 이름으로는 접시꽃
장원급제한 사람이
합격증서로 홍패를 받을 때
임금님이 내리는 꽃이지

가르침 황조 꽃 진자리
문예 언사 꽃피고
홍시를 빼어 닮은
가을인생 시 열매가
내 나무에 하나둘 매달리네

몽롱

달이 나무 위에 걸리자
그윽하고 멀어서 눈에
아물거리는 옛사랑의 기억
달이 구름 위에 걸리자
희미한 초승 달빛아래 어른거려
집 찾아드는 손님
여름 한밤 골짜기 부는 바람
마당 장명등 불빛에는
여인의 모습이 마치 번지는 수채같아
잠시 쉬고는 해 돋을 무렵
아침안개 마을이 아른거려도
이내 길 떠나는 나그네

고비사막 별빛

먼 거리를 오는 동안 약해져 아니 밝으나
은하(銀河)는 말할 나위 없고
지구가 존재하기 전 은하에서 발사한 빛
우리가 지금 보고 있다니
대기권에 부딪히면서 빛 굴절률의 차이가
반짝반짝 빛나 보이는 건 밤하늘 별빛
지금의 빛이 아니라
아주 먼 어제의 빛이라니

멀리서 오는 빛들인데 북극성도 430광년
저리도 유난히 빛나는 별
무수한 별들이 빛나나
하늘은 너무 어두워 빈 공간으로 채워진 우주
밤이 깊어 갈수록 칠흑 같은 밤이라야
별들은 더욱더 빛나는 걸
고비사막 등불 줄이고
별들을 헤아려 보며
밤하늘에 별빛을 다시 찾지

살구 둑 봄날

멀리 보이는 치악산 비로봉
단비가 눈발이 되기도 하고
입춘 우수의 강을 건너
마침내 경칩에 이르러도
흰 모자 서너 번 쓰려는지

꽃샘추위 한 고비라도
느릿느릿 새 봄은 다가오며
바위틈 복수에 핀 얼음새꽃
그냥 바람꽃 노루귀꽃
봄 처녀들의 마음으로 피나

팔순 이미 넘은 우리 엄마
향수에 젖은 동네 어머니들
아들의 입맛을 채우려고
달래 냉이 씀바귀 캐러
산자락 밭으로 나아가며

산 아래 마을 살구 둑에
나뭇가지 꽃망울들도
서로 추위를 나누며
새로움을 바라 봄이며
평화스러움을 살아봄이라

곤두질

거짓이나 꾀에
아무것도 모르고 속아 넘어가며
가겟집 수다쟁이는
햇볕에 하도 그을려서
언뜻 봐는 흑인으로 알 정도이라

푸석푸석 날림 공사에
속은 것을 눈치 채는 모양이더니
불안하고 메스꺼워
실소에 반문을 하면서
이빨 사이로 바람새는 목소리라

금붕어의 금빛 비늘에 홀려
어항에 빠지는 고양이처럼
어둠속을 헤매도록
여우가 자기를 홀리고
있을지도 모른다는 칙칙한 뇌리

다리를 걸은 놈 때문에
어이없이 시궁창으로 쓰러지며
중심을 잃은 몸이
맥없이 발을 헛디디고
곤두질 쳐 넘어졌다고 야단이라

먼 빛

서행길을 달리다 보면
산 밑에 나타나는
두 집 아래 등불 빛은
사십여 년 전 현천학교 근무시절
서너 달 세들어 살던 방의 빛

아들이 잉태될 무렵
이 월초 개학이라
추운 날씨에 떨던 기억 뿐
겨울바다 평창눈꽃축제
다녀오는 어느 날에
점점 사라지는 먼빛의 기억이라

알밥

강이나 얕은 바다에서
물고기 조개 낙지 새우 등
알가지 어패류를 먹던 무리

나물을 뜯고 알을 모아
피 조 수수 콩 팥 등
낟알에 곡식류를 먹던 무리

에이아이 살 처분으로
오리 메추리알 달걀 등
값이 많이 오른 장마당에서

어제는 혼자 집밥이나
오늘 점심은 일식집에
대구 알탕밥을 먹고 있네

죽

객지에서 자취하던 시절
남은 온갖 반찬에다
찬 밥 라면 끓이고
보잘 것이 없는 개죽이나
소화 하나만은 최고며

아내가 끓인 죽은
별미로 전복 영양식
올해 한 가위 선물
통영 안사돈 보내 주시어
자연산 전복 으뜸이고

찹쌀 오래 끓이며
흠씬 무르게 만들어
단 호박 갈아 석고
잣 호두 알갱이를 넣으니
호박죽 맛이 일품이라

친구 부인 정성이
아침 하늘을 찌르고
세 끼 먹고 힘 솟아
집에 돌아오는 길 달리며
전화로 고마움을 전하네

꾸민 얼굴

고운 피부를 가진 덕분에
꾸밈을 일부러 피한 듯
화색이 도는 볼에는 생기가 있고
나를 보고 웃을 때마다
하얀 치아가 반짝거렸으며

하지만 그녀 큰 주름살은
화장으로 감출 수 없어
언뜻 중년 아줌마로 보이나
내 졸음 단박 달아나게
자극으로 다가온 말투였으니

새로 오는 날 어둡더라도
민낯으로 사는 게 좋아
한 잔을 건네며 가까이 다가서고
가루 분 바르는 인생이
죽음과 삶으로 윤회상징이라

머리나 옷 매만져 맵시로
사람 눈 잠시 미혹해도
오래 두고 보면 속이 들여다보여
지금 여기에 아픔이 더해
한 밤의 괴로움이 솟구치겠네

하얀 머리뼈

몰골이 저리된 것은
사람의 형상이 아니야
수용소 생활 고문이 원인이니

죽은 사람 살이 썩고
남은 앙상한 뼈에 묻은
흙을 닦아 정성스레 싸안아도

원폭에 의한 피해입은 이들에게
한 푼이라도 덜 주려고
치졸하게 해골을 짜는 것이라

어두운 동굴 속에선
여기 저기 뒹굴고 있는
전부 하얗게 썩은 머리뼈 뿐이구나

허공 꼭대기

대형마트에 다양한 물건이 쌓여도
뱃속은 얼마든 비어
먹고 마셔도 만족치 아니하고

영양제 많아 이리 저리 보충하여도
원기부족으로 비실비실해
앞으로 꼬꾸라지게 되고

정신 차려 지능타산적으로 살며
게으름의 빈틈이나 곁길의 마음도
잡념사념 없는 날이지만

하늘 오르며 한두 번 바라보노니
넓고 큰 언덕위에는 별 것도 없어
허공 산꼭대기로 올라가네

밤꽃

내 가슴 설레게 하는 날
초여름 언덕 마루에는
부는 바람도 농밀한 밤꽃 향기로
산기슭 밤나무 숲에 들면
물씬 풍겨나는 냄새로
마치 주검 썩는 것 같이 진동해

노랑미색빛깔의 밤꽃
이불솜처럼 흰 빛으로
하지(夏至) 긴긴 낮 둥근 해 벗 삼아라
수 년 전 마련한 부업으로
친구가 돌아보는 숲에
꿀을 따려는 벌들이
촘촘히 모이고 있었네

꽃부리 호수에서

한낮에 피던 꽃송이 모아
그늘에 두고 보다
이내 찾아드는 황혼 속

이슬 맞는 달맞이꽃처럼
노란 금빛으로
감싸 도는 시인의 눈

꽃부리로 짠 햇빛 가리개
하얀 머리에 이고
물결 이는 호수만 바라봐

은비늘 반짝이던 물고기는 숨고
아주 조용한 수면위에
하늘 별빛만 살판 났구나

각설이

입으로 뀌는 방귀니
장터나 길거리로 돌아다니며
동냥하는 이의 대명사로
민초의 쌓인 한숨이
뿜어 나오는 소리라

예부터 걸인 행세로
억눌린 피지배계급으로
현실 속에서 억눌리기에
부당한 지배 계급에
한을 표출한 방식이라

허공에 도를 깨달아
인생살이 겸허함을 의미하니
극치의 경지까지 이르러
품바 소리를 하면서
쑥스러운 말을 대신하고

사랑을 베푼 자만이
희망을 가진다는 풍자해학
그 재담의 각설이 타령을
처음부터 끝까지
묘하게도 홍을 부르는구나

제2부

동창

여러 사람의 말이 하나로
모인다는 뜻으로
합하여 '같이' 라 하고

모든 말이 맞는다는 데서
입이라는 의미로
전하여 '같다' 라 하며

모든 아이를 불러 모아서
다함께 공부하고
같은 해에 나온 학생

마음 속 밝은 눈이라는데
예닐곱 구멍으로
한 빛을 받는 '창(窓)' 이라

고향 산수화

동네 웃어른들이
마을회의를 열어 정하여
샘터 바위움막 골짜기에서
흐르는 물줄기를
돌리려 긴 도랑을 내고

산에서 베어내린
통나무 속을 파
둔덕사이는 수통으로 이어
논으로 흘러들고
자라는 벼는 꿈이 되며

새끼붕어 미꾸리
시골아이들의 놀이터인
둠벙에 고인 물은 가물 때는
두레로 퍼 올리어
다시 활용 해 쓰이기도 했지

여름장마비 오면
논 맨 끝 다랑이 아래로
큰 붕어 부들 떼가 자리한
늪으로 모여들어
한길 깊이 넘게 되었었지

점심 풍경

정년퇴직한 부부가
작품사진이야기를 하고
웃기도 하며 정답게 식사하는 풍경

알파벳 'SWEETBOX' 라 새겨진
붉은 티의 중년여인이
혼자 어색하게 짬뽕면을 먹다 남기고

건너편 먼 테이블에는 기다리며
아빠와 엄마 공주 둘이
율동 '왼손 머리 오른손 머리 두 손 볼'

조손유친(祖孫有親)을 이루려는 우리는
탕수육 한 접시와
자장면 반 그릇을 나눠 먹고 있지

벗바리

서로 친하게 사귀는 비슷한 또래요
늘 가까이하여 심심함이나
지루함을 달래는 사물
염전에서 쓰는 소금을 구워내는 가마
불을 붙일 때 아기 불씨에서
불이 옮겨 붙는 숯이요

서로가 가깝게 오래 사귄 사람처럼
동무요 붕우인 믿음으로 대하며
친하게 어울리는 이들
가까이 두고 살떼기 어려워
술이나 악기들 책, 스마트폰처럼
더불어 사는 것들이라

별

기독교인이라 자랑하나
장교시절에도 갑질 별을 달았고
말년에도 하나 더 보탰으며
민초들의 촛불행진으로
탄핵된 정권 따라서 단 별 넷이
모두 다 떨어지는 작전이라

이런 와중 군대 한 편에
작은 거인이 내 마음 강타 하니
눈앞에 별들이 번득 이었고
그 아내의 내조가 빛나
사십 이년간이나 보직수행 후에
빛이 나는 퇴임식 합참이라

귀 담아 듣는 아이들과
색종이위에 그려진 별들 모양을
가위로 오려 줄에 매달으며
여름밤 별 마루 대에서
각 별마다 이름을 써 붙여 놓고
별 관찰 즐거움을 느꼈으니

초저녁 흐려 아니 뵈던
별이 구름 걷히며 초롱초롱하게
밤하늘에 찬란히 빛이 났고
미래 과학자 꿈을 꾸는
우리 손자들과 하나둘 헤아리며
행복한 밤을 보내고 왔다네

여치 울음

다리에 난 예리한 가시로서
풀밭이나 덤불에
작은 곤충 벌레를 잡아먹는다고
길고도 가는 실모양 더듬이
앞날개의 좌우측
마찰면을 비벼서 소리를 낸다며

한동네에 같이 살던 아재가
어린 날 놀잇감
보릿대로 엮어 만들었던 여치집
이맘때면 귓가에 들리는 듯
여치 울음소리가
그리워지는 도회지의 한 밤이야

노란 솔傘

한 주를 살다보면
준비해야 하는 우산
눈 비 우박이 내릴 때에
몸이나 소지품을 적시지도 않고

나들이로 야외서
여인들이 쓰는 양산
강한 태양 볕을 피하려
노출된 얼굴이나 팔다리를 위해
활력이 떨어지니
소득도 떨어지고

노란 솔 공제를 통하여
인생 황혼기의 생계위협 대비로
안전화 방책으로
노인연금보험처럼
장년 영세 소상공인에
파라솔과 같은 사업을 펼치지

보름달 추억

메뚜기 잡아 구워
단백질을 보충하던 시절
익어가는 곡식을
베어서 말리며
춤추며 노래하던 날

보름달이 뜨는 밤
달빛이 구름에 가려지고
베틀을 설치하여
삼베 내기하던
부녀자들은 소원 빌며

벼 농사짓던 민족
음력 팔월에 대보름이라
한가위 중추절은
으뜸 가운데로
갈 추수가 이루어지니

배달은 달을 보며
토끼 떡방아 찧는다하고
약탈 바이킹족은
우리와는 달리
달에 해골을 그렸지

움집

추수가 끝난 늦은 가을이면
바깥마당에 불을 해 놓고
동네 아저씨들이 모여 품앗이로
볏짚을 엮어 이엉을 만들며
지붕을 새로 보수하는 날에는
애들은 모여 이엉가리에서 놀았지

혁명공약을 외우던 교실
새마을노래 제창에
초등학교를 졸업 할 무렵
우리 고향 산골 마을까지
오래 세월 지키던 초가를 헐고
스레트 함석 기와로 개량 하였지

움집에 살던 사람들이
추워나 더워 비바람을 막고
초가 너와 돌기와를 지나
지붕이 바뀌어 내려오면서
속에 들어 살기 위해 지은 집
가정을 이루는 생활터전이었네

근래에 들어와 이 나라도
건축 기술에 힘을 입어
도시마다 치솟는 아파트들
오십층 백층 고층 빌딩을 올리며
집이 어찌하여
재화 축적 투기 수단에
부를 자랑하는 수단으로 변모되었을까

별모양 풀꽃

메꽃과 식물로
어긋나 갈라진 빗살같이
넝쿨 감으며 올라
주인 밭농사에
그리 환대받지 못하나

한 여름날은
꽃말이 사랑스러워
내 가슴에 박혔고
한 낮 햇빛처럼
유난히 눈에 들어오니

치악산 아래
작은 토담집 농원에
늦은 아기 별꽃도
가을날 오후는
우리 발길 멈추게 하며

종자가 벌써
어두운 갈색으로 변하여
새 날 기약한다고
카메라 안에서
속삭이고 있네

풋노인

원주 혁신도시
한가운데 조성된 공원
미리내 소호 돌섬에
한 마리 백로는 한참을 서서
고개를 가끔 흔들어 좌우를 살피고
소로를 걷다가
긴 의자에 걸터앉았다

수변 장목난간에 선
풋노인 외로이 오래 서서
부들 숲가로 지나는 잉어떼를 보며
물이 흐르도록
돌 깔아 만든 어로 곁

호수 아래쪽 돌아가는
수차가 뿜어 올리는 물방울에
막힌 가슴이 풀리듯 시원함을 느껴
햇볕 따가워도
단풍이 들어가는 절기

높고 푸른 가을하늘
골짜기 불어오는 산들바람에
그리움도 잠시
잊어 보는 날이었네

설밥

상징적으로 이르는 말에
설날에 오는 눈으로
서설(瑞雪)이라 부르기도 하였으니

예전부터 정월 초하루에
눈이 소복이 내리면
풍년이 들 길조라고

상서로운 기운이 올라와
복된 일들이
처처에 나타나려는 조짐이라

신표로 쓰이는 옥돌에다
아주 토실한 양떼로
해, 머리, 땅 가득 채워주길
빌고 또 빌었네

토막뉴스

봄이 되면 군내 나서 버릴 김장 김치도
며느리 먹는 건 아까워서
가운데 토막은 상에 올릴 거라
미리 제쳐 놓고

소반에는 붕어 토막 몇 점
가재 네 마리가 담겼으나
가운데 토막은
항상 막내가 차지했던 것이며

부정선거에는 현금봉투는 그 중 낫고
수건 쪼가리 비누 토막도
이마에서 진땀이 흐르는 것은
심한 차별에서인가

질퍽한 땅에 동네 아재 누운 채로
한 숨에 무엇이 불만인지
짖어버린 담배 토막을
부르르 떨며 빨아댔지

붉은 노을

하루도 변함없이 우리 곁에서 빛을 발하던
붉은 해가 언덕을 넘고
어스름한 빛으로 물들어 가고 있는 서녘하늘
여름이 지나고 늦가을 문턱 넘어가니
어느 새 탈바꿈한 가로수 잎사귀 위로
새 몇 마리 날아오르고

혁신도시 가운데 미리 내 공원은 길목마다
낮은 언덕도 빛을 잃어
자연스레 가로등 거리를 밝히는데
칠순을 바라보며 하얀 머리 작은 거인으로
여기 인생 황혼에 서서
자줏빛 봉우리에서
내 살아온 자취 다시 걸어보네

예순 일곱 살

1925년생인 아버지 긴 세월 격랑 속 파란만장하게 보내시고 삼십대의 후반쯤에 별세하신 조부로 누나와 일곱명 동생들이 어머니와 결혼하여 삼남오녀 여덟 자녀 힘들게 양육하시다 폐암과 스무달 방사선 항암치료 머리털이 세 번이나 빠져 마지막은 병원에서 극단으로 처방한 진통 마약류로 견디시다 구십일년 시월 오일 낮 한시 임종 아들이 지켜보는 가운데 해방 전 청년시절은 흥남비료 경비대 징집이 되어 관동군으로 해방 후 민주경찰로 강원특공대 소속 육이오 전쟁 참전하시고 면사무소 공무원과 농협 단위조합장 고향에 새마을 지도자로 아들이 손자손녀가 벌써 다섯명으로 조상 살아오던 반곡동에 증조부 근무하시던 영월읍내 개원한 손자 비뇨기학과 전문의 성묘하는 아들마저 아버지 돌아가신 나이로 예순일곱 살이었네

똬리

시골 살던 어린 날에
기나긴 해 하지(夏至)라
정수리에 내리 붓는
햇볕이 뜨거웠던지
견디기 너무 어려웠나 보다

홀시어머니 등살에도
잘 견뎌 살림하던
그녀는 무명수건으로
반백머리에 가리고
작은 똬리 동그마니 올리며

가물 들어 우물 말라
먼 비탈길을 지나
물동이를 머리에 이고
부엌으로 들어오던
친정집이 지골인 간난 어멈

자식새끼가 무엇인지
환한 미소 지으며
고운볏짚 똬리 밑으로
흘러내리는 물방울
손등으로 닦아 휘 뿌렸었지

꽃잠

3월 발령에 만난 여인
교육대학 시절에
같은 선택 반이던 동료로
영동 고속국도 공사에
셋방이 부족하던
학교 주변 상황으로 인해

시골교회 노 권사님이
기거하도록 주선
사택에 방을 하나 붙이고
잠을 자면서 매식하고
옆방은 여인동료
일 년은 먼저 자취한다며

세달 남짓 근무하다가
서로가 마음동해
가까이 만나기 자주 하고
혼전에 우리는 꽃잠을
간청하기 이르러
바로 약혼식 혼인신고 해

결혼예식 전 동거하며
가족수당을 받아
작은 방세에 잘 보탰으니
가난하던 현실 속에서
신혼초기 삶으로
그때 나이 스물일곱 살

패럴림픽

칠십 여년 역사 간직한
패럴림픽이 열리고
종목마다 참가 선수 하나하나가
기구한 사연을 갖으며
장애인 올림픽이라 불리고

장애 동료들의 산 희망
신심으로 찬양하며
열정이 우리를 움직이게 한다며
사대 가치를 목표로써
용기, 투지, 감동, 평등 앞세워

우리 대관령 사랑 동산
성스러운 마당에서
장애인 후원자 조수미와 소향이
평창 이곳에 하나라니
주제노래가 가슴에 울리네

휠체어 타고 그네 올라
하늘나라 관람하며
창조주하나님을 경외할 수 있어
보이지 않는 곳에서도
온 세상이 고루 행복해지리

제3부

사약死藥

노산군은 청룡포에 귀양살이 중
세조가 사형집행을 명령 해
금부도사가 독극을 가져가 내렸으며
당쟁이 한창이던 조선 중기에는
일단 귀양을 보냈다가 바로
목적지 도착하기 전에 독극을 내린 역사

미나리 제비과 야생풀을
끓여 먹이면 위장에 점막출혈로
피를 토하며 숨을 거두니
붕당 간의 권력대립이 격화되며
왕족 사대부 신분을 참작해
교살시키는 대신에 내리던 사형제라

지금도 먹으면
독이 되는 욕망의 사약
처처에 놓여있구나

마타리

잎은 마주나기 산들에 잘 자라는
다년 생 초본에 근경이나 종자로
온 땅에 번식하며 자연을 풍요롭게 꾸미고
여름서 가을에 걸치며 한길 높이로 자라
노란색으로 잔 꽃이 많이 모이고

햇살에 금빛 더 해
여기저기 길손 사로잡아
황순원 소나기 가운데 이야기 배경이 된
개울가 소녀가 바쳐 쓴 화솔이라

양평서종 문학촌 윤초시네 증손녀상(像)에
어린 새순은 식용으로 생약 명이 알려져
사가 정원이나 공원 등에 심으며
전원 찾아든 이들 머물도록 마음을 흔드네

팔당호

예전 나루터이던 두포에 들어서 저수량 재고 조절하며
두미협곡을 막아 만든 다목적댐 방류가 장관인 팔당댐
북한강과 남한강이 합류하는 곳 수계에 있는 인공호수

한강 둔치는 상류유입 범람으로 나들목 수문은 닫히고
하수구로 빠지지 못하던 물들로 홍수에 취약하던 도시
하늘에서 쏟아지는 물 폭탄으로 육십 년대 물난리였고

고대 선사부터 강가에 자리하고 쌀농사 혁명 역사이며
세계 최대 규모로서 일급식수원 청정한 수돗물 아리수
서울 수도권 이천만의 젖줄로써 호수의 경관이 빼어나

물안개가 피어나는 이른 새벽은 몽환 속으로 빠져들고
거울처럼 잔잔한 한낮 풍경화에 하늘 건너가는 구름이
축축한 이내가 깔리는 저녁에는 수면 저마다 색다르네

밀원蜜源

우리집에 벌통이 행랑채 옆으로 들어서
아버지가 퇴근 후 돌보시고
오일륙 군사혁명 직후에
공무원들에게 축산 장려하니

과수원가에 벌통
공지쪽으로 즐비하여
가족들이 하루종일 돌보고
오지 학교근무 때에
교장은 양봉업으로 소일하니

초등 여자 동창
일흔 나이가 되어서도
양봉 이삼백여 통 다룬다며
딸은 관광버스 사장
친목여행에서 모녀와 만나고

약초 청정 밀원
자란 꽃에서 채밀하여
맛난 잡화 꿀은 보약이라며
꽃가루 화밀 분비에
곤충들의 양식을 가로채구나

지하 옥탑 고시원

가난한 이들 옥탑방 임의로 증축하여 불법으로 지어서
가격이 저렴한 반면 지대가 높고 외부환경에 노출되어
오직 이윤을 위해 인위적으로 만든 것이 지하옥탑이지

지하에 잠든 원혼을 달래는 망자위령제를 올리고 있어
바위사이 난 구멍은 베트콩 이용하는 위장된 출입구라
지금은 지하 명부에 들어갔기에 사건은 이미 끝났었지

아름다운 나무 꽃이 음부에서 위로를 받도록 하였으며
흙 수저 민달팽이들 고시원 지하 옥탑방에 거주한다고
빈민 여러 공동체는 예수를 비상한 관심으로 맞았으나

무덤 같은 땅속으로 스올을 가리키며 죽음을 상징하고
다 죽음에 넘겨주어 사람들 가운데 구덩이로 들어가며
죽임을 당하여 칼에 엎드러져 지하로 내려가는 길일세

고래소리

바닷말나팔소리 저음을 깔아
해조 밑줄기로
가운데 통이 비어 있어
잘라 내어 부니

고래뿔 피리소리 고음을 올려
머리에 외뿔로 죽순처럼 길게 뻗어나
잘라 구멍을 내니
반구대암각화는 고래를 불러

경이 나타나면 고래고래 고함소리
지금도 전하져 와
유감주술사들의 한바탕 춤에
성시를 이루고
온 마을 먹거리 해결에
웃음꽃 핀다네

모조

천상지상을 이어 주는 신령에
씨앗을 가져 오는 존재
곡모신으로 믿어왔던 고대인에게는
종교적 주술물 구실을 했으나
그 훗날에 더 내려올수록
허수아비는 새나 짐승을 쫓는 모조였지

화살 십만 개를 얻을 수 있게
짚으로 덮은 가짜 배로
적진 군영을 습격하는 것처럼 속여
병사의 수를 과장하기 위하여
짚 인형에 군복을 입혀
창칼을 들게 하는 전략이 나오는데

가짜로 꾸며 본을 떠서 만드는
찰흙이 둘러싼 나무테
이미 있는 모형들을 그대로 따르나
해질 녘 물건이 보이지 않도록
위로부터 뒤집어 씌워
가까이 갈수록 어색한 느낌이라

적외선 탐지에 일부러 걸리게
열 내는 장치 설치하여
적군이 진짜 무기로 오인 사격하게
실물탱크 같은 짝퉁 모양으로
만들어진 비닐튜브에다
공기 넣은 한국형 디코이 탱크
이 또한 모조였다니

여리박빙如履薄氷

-如

마땅히 같으리니
남의 말에 잘 따르는 아내
법의 실상이라
모든 법에 통도하여
영구히 변치 않는 이성이라

-履

나막신을 신고서
넓은 땅 밟고 다니는 사내
과거 급제로
높은 지체에 올라
복되고 영화로운 삶을 누리고

-薄

동시에 무더기로
아주 가까워지는 더부룩이
대나무 쪼개어
얇게 만든 그릇처럼
풀들이 서로 몸을 닿도록 모이지

-氷

빗물이 얼어

한 덩어리로 굳어져

투명한 고드름

해가 뜨면 녹을지라도

처마에 매달려 빛을 발하고 있구나

비갈碑碣

고인의 사적을 칭송하고
후세에 전하려
문장을 새겨 넣은 돌
금석문이라 하여
귀중한 사료로 남게 되었으니

대다수 서민층 묘소에는
비신만 세우고
자연석 갈아 글 새겨
비갈이라고 하여
다만 위를 둥그렇게 하였으니

치악산 국립공원 입구에
소공원 있어서
너른 돌 판에 새기니
태종대 행차하던
조선시대 송강 정철의 시비라

오른 쪽으로는 가천표석
아버지 비석이
왼 쪽에 자리를 잡았는데
잔디 다듬는 추석 성묘길
첩첩히 숙연하네

염라閻羅

구부러진 쑥도
삼밭 가운데에 나면
저절로 꼿꼿하게도 자라듯
노끈으로 꼬아
고기잡이 그물을 짜고
뽕나무과 한 해살이 풀이네

벼릿줄을 꿰어
새를 잡는 그물로도
마을 사람이 모여 활용하며
계획적인 일에
가루를 곱게 치거나
액체를 걸러서 받는 체로도

사람이나 수레
다니는 넓은 길에다
백성의 살림집이 많이 모여
빼어나고 어여쁜
아가씨들이 넘쳐 나
온 나라가 더욱이 밝아오니

국경 에워싸고
적이 침입을 못하게
백성들과 땅을 지키기 위해
사람 머리모양
수놓은 깃발을 들고
물소를 탄 모습이 염라국왕

폐교

팔일오 해방 이전
독한 가난을 이겨내기 위하여
산골에 유입되는 인구로
두메 골짜기마다
불 밭으로 변하였으며

오십년 육이오 후
큰 동네마다 학교 세워지면서
교실이 부족도 하였으니
교실마다 콩나물
육칠십 명도 넘었으나

육십 년대 혁명 후
일차 오년 경제개발 추진으로
정부 화전정리법에 의해
보상금을 받고서
반월 공단으로 떠났고

새 도시로 이주 해
한 두 학교씩이 폐교 되어
수십 년이나 흘러왔으니
집터만 남아있고
온 마을이 골짜기 숲이 되었구나

동강 할미꽃

시집 간 딸들이
오래 만에 찾아오신
늙은 어머니 반가이 맞으나
몇 날이 못 가서
돌아서는 노인의 설움

시집간 손녀들
몇 해만에 찾아오신
늙은 할머니 즐거이 맞으나
여러 날 안 가서
돌아서는 노인의 아픔

착한 막내에게
조그만 기대를 걸고
눈이 펄펄 내려오는 겨울날
앞 산 고개 오름
늙은 여인의 슬픔이라

추위에 넘어져
돌아가신 옛 이야기
봄날이면 양지 녘 피어나는
긴 대 꼬부린 꽃
길손은 찾아 든 꿀벌이라

사탄

그런 가여(駕輿) 비스듬히 기울어서
공인가 사인가 떳떳하지 않은 마음이고
남은 것이 보기에도 요사하여
미인가 추인가 어여쁘지 못한 얼굴이며
어기 여차 균형을 잡으려하니
좌인가 우인가 작금도 치우친 유행이여
참 느리게 어금니를 깨물기로
상인가 하인가 아직까지 어린 애들이라

왕년往年

술 서너 잔 들어가니
낙백한 노인 몰골을 벗고
예전 얘기를 늘어놓고

파리한 팔다리지만
옛적 놀던 가락을 되찾은 듯
장단 맞춰 흥얼거리며

꽤 오래 된 유년의 날
전쟁으로 피난에서 돌아와
지었던 움막집 회상에

세태가 다른 때를
되돌아보는지 미소가 입가에
살포시 흐르는 구나

멍에를 메고

종놈의 굴레를 쓰긴 하였어도
양반의 피를 받아선지
커갈수록 어긋남이 없는 행동거지

낫을 휘둘러 땅 위에 열매 거두고
진노 큰 포도주틀처럼
피가 솟아 말굴레에까지 퍼져 나아가고

힘없는 양다리로 달리니
긴 채찍을 들어 치고
미련한 자의 등에는 굵은 막대기요

거칠기 만한 말이나 노새같이
굴레에 재갈까지 물려
나라 어른을 해하지 못하도록 하리라

케이지장

시골 우리 고향에서
편평한 바닥에서 기르는 평형
병아리를 기르는 장이요

주로 양계 목적에
금속으로 만든 다단씩 상자형
야외에 내어 놓고 기르는 옥외장이요

많은 양산을 위하여
산란을 촉진 하려 인공조명에
창이 없는 닭장도 사용하고 있다하니

동물 학대에 가까운
다 성장한 닭을 구속 하는 옥
철망 속에서 사육 하는 케이지장이라

해나라

빛나는 해아래서
바다 위를 헤치는 귀신
꼬리에 세발 까마귀 형상
점박이 고래 따라
슴베 줄화살 쏘며 쫓는 무리

창질하다가 지쳐
쉴 참이면 온돌을 깔고
어둔 밤 북두칠성을 보며
한낮에는 해 따라
고래 사냥에 카약 노를 젓고

범고래 잡았으니
동네 사람 모여 나누고
흙의 날에 태화강 변에서
씨족 천렵 즐기니
반만 년 울산 반구대 암각화

신출한 제사장은
향내 재주꾼 불러 모아
땅의 동물과 바다에 고래
사람이 타는 배를
아로 새겨 하늘 해 섬겼지

말라 죽은 대나무

따뜻하고 비오는 날
죽순 돋아 잘 자라던 밭의 대나무들이
번식과 상관없이
꽃이 피어난 후 죽어버리고

좋은 먹이를 찾아서
바다로 나가 잘 살다 강으로 되돌아와
짝짓기가 끝난 후 산란으로
암수는 모두 죽는데

메마른 모래 언덕에
가끔 비 좀 내리지만
물기가 빈틈으로 스며들거나
점점 졸아 들고 다 사라져 없어지듯

스스로가 택한 죽음
숨결 잦아든 저 낯에 생기가 없어지며
몸통의 살이 푹푹 썩어버려
앙상한 뼈만 남겠네

제4부

비웃는 헤롯

애굽을 떠나 왕의 노함을 아니 무서워하고
홍해를 육지 같이 건넜으나
애굽 사람들은 이것을 시험하다가 빠져 죽었으며

채찍질뿐만 아니라 갇히는 시련도 받았고
양과 염소의 가죽옷을 입어
산이나 광야에 있는 동굴과 토굴에 유리하였으며

모세는 그리스도와 같이 주어지는 수모라도
이는 상 주심을 바라봄이요
애굽의 모든 보화보다도 귀한 재물로 여기었다니

헤롯 대왕이 예수를 업신여기며 희롱하고
빛난 옷을 입혀 돌려보내니
원수지간인 헤롯과 빌라도가 당일은 서로 친구라

감우甘雨

하늘이 닫히고 비가 아니 내려서
모두 징벌을 받을 때에는
여호와가 맹렬히 진노하시기도 하시고

마른 풀 위에 내려오는 단비같이
땅을 적시는 소나기처럼
때를 따라 생명들에게 복을 내리시며

지금 하나님이 악인과 선인에게
골고루 해를 비추심같이
의롭거나 불의해도 비를 내려주시니

십만 여 개의 구름방울이 뭉쳐야
하나의 빗방울이 되는데
그래서 고대 농경에는 비가 큰 은혜였지

누가 기도하시나

자정에 흐느끼며 부르짖어
습관을 버리기 위해서
솔직하고도 처절하게 주 하나님 앞에

하루속히 이뤄지기를 비는
마음으로 바라는 바에
영혼의 호흡이 거칠어 생명을 얻으니

아버지 뜻을 섬겨 받들어
지금 누가 기도하시나
주 예수의 은혜와 긍휼하심에 힘입고

하나님께 내 맡기는 순종
자신의 욕망을 포기해
성령의 사람에게는 날마다의 일이라

구경거리

네 지혜의 아름다운 것과 영화를 더럽히고
그들이 차고 있던 칼을 빼어
강포한 자와 함께 너를 치며

바다 한 가운데에서 죽임을 당한 자들처럼
여러 나라에서 온 이방인 손이
너를 구덩이에 빠뜨려서 죽게 하리니

아버지의 자리 곧 바다 가운데 앉은 두로야
너는 사람이고 신이 아니거늘
하나님의 마음과 동등한 체 하느냐

죽기를 할례 받지 아니한 자들의 죽음 같이
죄악이 많고 무역이 불의하여
땅에 던져 그들의 구경거리가 되리라

복의 효시

땅 위로 솟아 나오느니
힘이 솟아나게 하는 원천
연못 내로 이어지는 우물
집락에 논밭을 경작하는데

논 어귀마다에 넘나드는
좁디좁은 물꼬 무넘기에서
물가에 모든 것이 살고
인간 모든 생명력의 상징

악사 내게 복을 주소서
샘물도 내게 주소서 하니
갈렙이 그에게 주었더니
위아래의 샘 복의 효시라

에덴동산 생명의 나무
그 밑에서 흐르는 하천들
사면팔방으로 흐른다고
중심에 활동의 표징이라

어여쁜 누이 아가

이 세상 사람들의 육체는 풀
그 모든 아름다움은 야생화 같으며
인생은 들풀의 꽃 같은 영화라
뜨거운 바람이 불어 풀을 말리고
꽃이 떨어지면 그 아름다움이 사라지나니

그는 꽃 같이 자라나 시들며
그림자처럼 지나가며 아니 머물거늘
솔로몬왕의 모든 영광일지라도
부자는 자기의 높아짐을 자랑하나
이는 그 생이 들풀의 꽃처럼 지나감이고

아가의 뺨은 향기론 꽃밭언덕
입술은 몰약이 흐르는 백합화 같으니
광야 메마른 땅이 참 기뻐하고
사랑스런 누이가 어찌 자라느냐
주 여호와의 기운이 그 위에 불어옴이요

그것들이 주 하나님의 영광
갈멜과 사론의 아름다움을 얻으리니
후일에 야곱의 뿌리가 박히고
아론의 지팡이에 싹이 난 것처럼
이스라엘이 새움 돋으며 꽃은 필 것이라

아마겟돈

악령의 이적으로
아마겟돈이라 부르는 곳에서
민족이 민족을 대적하고
곳곳에 무서운 지진이 나며
하늘로부터 큰 징조들이 나타날 것이라

해가 어두워지고
우주의 대변혁이 일어나리니
하늘은 해달별이 흔들려
땅에서는 성난 파도 소리로
민족들이 큰 혼란한 가운데 곤고하리라

믿는 자는 아니 멸망 해
영생을 얻을 수 있도록 하셔
주의 이름으로 말미암아
모든 사람의 미움을 받으나
우리 머리털 하나도 상하지 아니하리니

십자가 위 죽으시기 전
마지막에도 평온한 모습같이
임할 일을 두려워하나
그 때에 주님이 구름 타고
권세능력과 영광으로 오는 것을 보리라

흰 옷 입은 자들

큰 무리가 나와 흰 옷을 입고
두 손에 종려 가지를 들어 흔들며
하나님의 보좌 앞과 어린 양 앞에 서서
큰 소리로 외치기를 구원하심이
보좌에 앉으신 어린 양에게 있다하니라

모든 천사가 보좌와 장로들과
네 생물의 주위에 둘러 서 있다가
보좌 앞에 엎드려 얼굴을 대고 경배하며
영광과 지혜와 감사와 존귀와 권능이
주 하나님께 세세토록 있을지어다하니라

그들은 큰 환난에서 나오는 자들인데
어린 양 피에 그 옷을 씻어 희게 하였으니
하나님의 보좌 앞에 있고 그의 성전에서
밤낮 주 하나님과 어린양을 섬김으로
주 하나님께서 그들 위에 장막을 치시리라

다시는 주리지도 목마르지도 아니하고
해나 아무 뜨거운 기운에 아니 상하리니
이는 보좌 가운데에 계신 어린 양이
목자가 되사 생명수 샘으로 인도하시고
그들의 눈에서 모든 눈물을 씻어 주심이라

사람의 본분

이웃 빈민을 학대하는 것과
공의를 짓밟는 것을 볼지라도
그것을 조금도 이상히 여기지 말고

네 어린 때를 즐거워하며
네 청년의 날들을 마음에 기뻐하여
청년의 때에 너의 창조주를 기억하고

빠른 자라 선착하는 것이 아니며
용사라 전쟁에 승리하는 것이 아니고
지식인이라 은총을 입는 것만도 아니니

모든 것이 헛되고 헛되나
흙은 여전히 땅으로 돌아가고
영은 그걸 주신 하나님께로 돌아가리라

무리

각 사람은 먹을 만큼만 만나를 거둘지니
무리 수효대로 일인당 한 오멜씩
깟씨와 같고 모양은 진주와 같은 것이요
만나를 맷돌에 갈며 절구로 찧고
바다서 바람은 메추라기 떼를 몰아오니
하룻길정도 되는 지면 위에 내려
백성이 종일토록 메추라기를 모아들여요
아주 적게 모은 자도 열호멜이나
큰 무리를 보시고 저들 불쌍히 여기시어
그 중에 있는 병자를 고쳐 주시고
떡 다섯개 물고기 두 마리밖에는 없지만
하늘을 우러러 축사 하시고 떼어
제자들에게 주어 회중에게 나누어 주니
먹고 남은 조각을 열두 광주리에
길에서 기진할까봐 굶겨 보내지 못하니
여자와 어린이 외에 오천 명이라

부활주일

여호와께로 부르짖어
아이의 혼령 몸으로 돌아오고
과부네 아들 살아났으며
스르르 눈이 뜨이고
일곱 번이나 재채기하며
온몸 살이 차차 따뜻해지네

그 어미나 제자들이나
하늘 이적 숨기라 부탁하시고
예수님 능력에 감동하니
소녀는 열두 살이네
달리다굼 일어나 걸으라
주님 명령에 일어나서 걷는구나

십자가를 지신 예수
옷 가죽이 벗김을 당한 뒤에도
낯 선 사람처럼 살던 나
부활은 하나님의 뜻
아들을 보고 믿는 자마다
마지막 날에 다시 살리는 사랑

나무는 찍힐 지라도
때가 오면 다시 움 돋아 나며
연한 가지가 아니 끊이고
뿌리가 땅에서 늙고
잎줄기 흙에 죽을지라도
싹이 솟아올라 꽃이 피어나네

요한이 사랑한 예수

이 세상 죄 지신 하나님의 어린양 예수
친히 사람의 속을 아시고
하나님의 나라를 보려면 거듭나라시며
세상을 사랑해 독생자를 주신 하나님이
아들 예수를 믿는 자마다
영원한 생명을 얻게 하려 하심이라

예배하는 자가 영과 진리로 예배드리면
우리하나님께서 영이시니
주를 믿는 자는 사망에서 생명으로
하나님의 선물로써 생수와 같으신 예수
솟아나는 샘물을 마시면
영원토록 목이 마르지 아니 하리라

양들을 위해서는 자기 목숨을 버리거니
우리 예수는 선한 목자라
믿는 자는 영원히 죽지 아니하리니
너희가 내안에서 평안을 누리게 하려고
내가 이 세상을 이겼기에
세상에서 환난을 당하나 담대 하라

자기 십자가를 지시고 해골이라 골고다
나무십자가에 못 박을 새
예수는 가운데 좌우편에 두 강도요
안식 후 첫날 일찍이 아직 어두울 때에
막달라 마리아 무덤에 와
돌이 무덤에서 옮겨진 것을 보니라

막달라 마리아는 돌무덤밖에 서서 우나
흰옷 입은 두 천사가 있어
울며 구부려 무덤 안을 들여다보니
독생자 아들을 죽은 자 가운데서 살리셔
아버지 곧 너희 아버지가
하나님 너희 하나님께 올라 가니라

제자들이 두려워 모인 곳의 문들을 닫아
안식 후 첫날 저녁 때에
부활하신 예수 오사 평강이 있어야
그들을 향하셔 숨을 내 쉬니 성령 받아
나를 사랑하면 날 따르고
나를 사랑하면 내 어린 양을 먹이라

하루 먹을거리

각 사람은 먹을 만큼만 만나를 거두어
모세가 광야에서 유리할 때
무리 수효대로 일인당 한 오멜씩
갓씨와 같고 모양은 진주와 같은 것이
여호와가 새벽에 내려 주신
만나를 맷돌에 갈며 절구로 찧고
하룻길정도 되는 지면 위에 내려지며
갈라지던 홍해 바다로부터
바람은 메추라기 떼도 몰아오니

백성이 종일토록 메추라기를 모아들여
모래언덕인 광야로 나아가
적게 모은 자라도 열 호멜 이었고
주께서 큰 무리를 보시고 불쌍히 여기셔
수천 회중 찾아 드는 날에
그 중에 병자든 자를 고쳐 주시고

떡 다섯 개 물고기 두 마리밖에 없지만
감사하는 마음으로 간절히
하늘을 우러러 축사 하시고 떼어
제자들에게 주어 회중에 나눠 줄 때
오십 명씩 앉히고 배불리
먹고 남은 조각을 열두 광주리에
길에서 기진할까봐 굶겨 보내지 못해
양식 문제 이적이 일어나
여자와 어린이 외에 오천 명이라

은밀

모든 악을 행하는 자는
여호와의 눈에 좋게 보인다고
모여서 춤을 추어

그에게 큰 기쁨이 되니
악을 행하는 자가 번성한다며
모여서 노래 불러

사술이 판을 치는 날에
정의의 하나님이 어디에 계셔
핏 소리가 울려도

길 가 돌들 크게 외치나
지금은 성공한 자가 복되다고
마귀 입술 들 소곤거리네

한 숨

이방 나라들이 주의 기업의 땅에 들어와서
주의 거룩한 처소를 더럽히고
예루살렘성이 돌무더기가 되게 하며

사자가 자기의 굴에 엎드림 같이
은밀한 곳에서 기다리다가
자기 그물을 끌어당겨 가련한 자를 잡으며

주의 종들의 시체를 공중의 새에게 밥으로
성도들의 육체를 땅의 짐승에게 주니
피가 예루살렘 사방에 물같이 흐르기에

이스라엘은 이웃에게 비방거리가 되었으며
우리 자녀들을 에워싼 자들에게
조소와 조롱을 당해 주야로 탄식하지

섬 늙은이 요한

하나님의 아들로서
인류의 구원을 목적 삼아
육신으로 세상에 오신 예수를
부정하는 가현설
거짓 교훈과 싸울 시기

십자가에 달리시어
원죄를 사해 구원 하시고
예수 그리스도 부활 이후에도
에베소 교우에게
구원의 확신 갖게 하려
영지주의 사상으로
당시 중동에 흐르던 철학

초기교회에 침투해 온 이단을
타파시키기 위해
예수의 빛과 사랑 전해
핍박으로 흩어지며
교회 잘 섬기던 제자에게
구순 노인 요한이 전하였으니
구약의 인용문이
한 줄도 없는 요한서라

삼바 사순절

사순절 금욕기간
앞두고 즐기는 리우카니발
포르투칼 이민자 사순 전야제
빈민가 삼바학교 명예
아프리카노예 전통타악기 춤 어울려

금요일 시작해서
절기전날 참회 화요일까지
화려하게 장식을 한 축제차량
번쩍이는 의상을 입고
가수악단들이 펼치는 삼바 퍼레이드

재의 수요일부터
하루 저녁만 야채중심으로
고난의 시련을 상징하는 사순
부활절 전까지 사십일
금식기도와 경건훈련 기간을 정하니

교회가 세례준비
시작하는 참여자들에 지원
전례에 자유로운 결단을 촉진
회심을 심화하는 동시
인류의 죄악에 대한 공동책임 강화라

물거울

매끄러운 유리 성질
흑요석을 이용한 돌 거울로
무당 주구로써
기하학적인 무늬 새겨
처음 구리 청동 다뉴세문경까지

반사하는 빛 이용해
물체 모습을 비추는 도구로
유리판 뒷면에
수은을 말끔히 바르고
연단을 칠해 습기서 보호하기에

예전에 무리가 살며
자연 샘에서 목말라할 순간
마시는 여유로
물위에 자태를 비추어
스스로 본 자기얼굴이 기원이요

광야 유대 선민들이
처절하게 영적 생존을 위해
성막에 설치한
투명하고 맑은 물두멍
거울로 제 역할을 다하였으리

걸신

사람이 죽은 뒤에 남는 얼로
염치없이 빌어먹어
지나치게 탐하는 마음에
이성을 잃어버리고
한이 서려 넘어지듯이

동네 산을 헤매다 되 돌아와
가끔은 며칠씩이나
풀어져 내린 산발모양에
눈동자가 풀어지며
실성으로 주체 못하고

감히 침범할 수는 없을 게야
그래도 거룩하다니
하늘 내리는 번갯불에도
대자연에 순응하며
살아온 땅에 얼간이들

핏기 없이 아주 노랗게 되어
신당에 엎어지고는
기도의 향내를 피우기에
찬란하게 비쳐오는
아침 해가 머무는가봐

눈길

자연 속에 살아가야 하기에
작은 사람의 무리가
삼라만상 모든 사물에는
영으로 생명이
두루두루 퍼짐을 믿어오기도

나라 왕실의 번영을
우선 시하는 현세 신앙
주도하는 엘리트층이
교리를 세우고 가르치며
서책을 만들고 전하기도 해
신은 성스러운 존재로
믿고 받드는 일

어느 사회나 지역에서
수만 수천 해를
내려오는 고유한 신앙인가
이 소자는 창조주 하나님께
믿음의 눈길을 두고
시선을 집중하며
예수가 오르던 골고다 언덕길
나도 오르다 그만 쉬고 있지

잘잘

초라한 행색을 볼 때 유감없이 충분히
너무 외롭고 고단함을 드러내
감정이 상하지 않도록
친절하게 성의껏
구슬려 본다는 생각이었으나

생떼를 쓰는 시림들은
자주 버릇이 돼
스스로 속박의 결과가 되곤 해
비록 딸자식 하나지만
훌륭하게 키워서
칭찬도 바람 타고 들려 왔으며

양가반대에도 결혼해
아주 만족스럽게
지금은 살아간다고 자랑 하니
원래 살빛도 희다지만
아름답고 멋지며
윤기가 도는 세련된 얼굴이라

아주 적절히도 알맞게
익은 감자 맛이
젓가락 끝으로 묻어나는 순간
참외를 고르는 사람들
능란히 익숙하게
껍질 속을 다 들여다보는 듯이

안경 돋보기를 끼더니
분명하고 또렷이
흐릿하게 뵈던 글자들도 보여
양쪽 무릎 속 저려서
예사롭거나 쉽게
걷지도 못하던 것이 감쪽같게

수행하는 일들 모두가
주님 보살핌 속
별 탈 없이 편하고 순조로우나
연약한 소자의 머리에
진위를 올바르게
가려낼 수 있는 지혜를 주소서

[해설]

함창석 詩에 나타난 통전적 기독교세계관

- 시집『꽃 진자리 꽃 피고』를 중심으로

김윤환 시인(목사/문학박사)
백석대 대학원 기독교문학 교수

1.

문학은 언어를 통해 인간에 대한 근원적인 질문을 하고 종교는 인간의 궁극적인 구원을 추구한다는 점에서 삶과 존재를 공유하는 관계 속에 포함되어 있다고 할 수 있다. 또한 문학과 종교는 공히 인간을 중심 대상으로 하고 있으며 문자 언어의 상징적 수단을 통하여 그 존재성을 표출한다는 점에서 확인할 수 있다.

그리고 문학과 종교는 공히 현재의 삶에 대한 비판 정신을 보이고 있다. 즉 문학이나 종교는 당대의 시대정신이며 동시에 그것의 초월 정신의 발현이라고 볼 때 양자의 관계는 때로는 상호적이고

유기적인 관계에 놓인다고 할 수 있다. 또한 문학과 종교는 체험적이다. 물론 문학은 상상력의 산물이지만 그 상상력의 근간은 경험을 토대로 이루어지며, 그럴 때에만 구체성과 설득력을 보인다는 점에서 일정하게 종교적 속성을 차용한다고 볼 수 있다.

함창석 시인은 이러한 문학과 종교의 상호성을 적극적으로 수용하고 표현하고 있다. 그의 시의 특징은 자연과 사회, 개인과 가족, 신앙과 삶의 양태와 현상에 대한 진단과 비판에 그치지 않고 종교적 희망을 생활의 현장에서 찾아내어 자신만의 언어로 형상화하고 있다.

시집 『꽃 진자리 꽃 피고』에 담겨진 작품의 전반적인 메시지는 신과 세상 사이에 놓여 진 사람의 모습 즉, '생활의 발견'이라는 소재로 삶의 근원적인 질문과 그에 대한 해답을 구하는데 있다.

함시인의 시적 상상력은 육신적 삶과 영적 호흡이라는 종교적 사유로 승화되고 있다. 또한 시인은 자신의 환경과 상황을 분리하지 않는 통전적인 기독교 세계관으로 시를 쓰고 있다는 것을 볼 수 있었다.

2.

시인은 일평생 교육자로서, 신앙인으로서 사물과 사람, 자연과 사람을 들여다보고 살아왔다. 문예창작은 장르를 불문하고 자신의 체험과 세계관으로부터 자유로울 수 없다. 따라서 시인의 시론은 단순히 목가적 자연 향유가 아니라 자연과 인간의 현상에서 발견된 인간의 제한성 혹은 욕망의 그늘을 자신의 신앙 앞에 고백함으로서 구원의 진리를 갈구하고 있음을 알 수 있다. 먼저 삶의 풍경에서 발견되는 인생에 대한 연민을 그린 그의 노래를 들어보자.

아랫도리 흠뻑 젖는 날 / 풀숲에 내린 아침 이슬이 / 스며들어 바짓가랑이 휘휘 감기고 // 한 날 아침 오솔길 이슬을 차고 / 나갔다 집에 들어올 때면 / 기분은 언제라도 상쾌하나 // 전쟁 때 남편 잃고 / 얼마 지나지 않아 / 아들 마저 세상을 떠났다는 / 할머니 // 덧없는 세월 흘러 / 소녀의 눈가에 맺힌 이슬 / 볼 아래로 / 또르르

-「이슬같이」 전부

불행한 시대에는 반드시 불행한 인생이 있다. 슬픈 이야기가 있다. 바짓가랑이 젖는 새벽 풀섶에 이슬과 한 많은 세월을 보낸 노파의 이야기가 상상되는 눈물의 이슬은 상쾌함과 상실감을 하나로 만나게 하는 표현에서 시인은 단편적인 시선이 아니라 보이는 것 너머에 있는 이야기를 바라보는 자신만의 시선과 표현양식을 지니고 있다. 맑음과 어두움, 희망과 아픔이 하나로 만나는 시에서 보이는 것이 곧 전부는 아니라는 시인만의 영안을 지니고 있음을 알 수 있다.

자연현상에서 인생을 관조하는 그의 또 다른 시 「꽃부리 호수에서」를 감상해보자.

한낮에 피던 꽃송이 모아 / 그늘에 두고 보다 / 이내 찾아드는 황혼 속 // 이슬 맞는 달맞이꽃처럼 / 노란 금빛으로 / 감싸 도는 시인의 눈 // 꽃부리로 짠 햇빛 가리개 / 하얀 머리에 이고 / 물결 이는 호수만 바라봐 // 은비늘 반짝이던 물고기는 숨고 / 아주 조용한 수면위에 / 하늘 별빛만 살판 났구나

- 「꽃부리 호수에서」 전부

시인은 한 호수가에서 한 낮에 피던 꽃송이를 그늘에서 다시 보았고 또한 그 꽃그늘에서 발견하는 황혼의 아름다움을 노래하고 은비늘 반짝이는 물고기가 숨는 조용한 수면을 노래하면서 하늘 별빛을 놓치지 않는 시적 이미지를 그려내는 매우 독창적인 시작법을 보이고 있다.

사실 시인에게서 자연은 단순히 미적 대상이거나 관조적 풍경이 아니라 인간의 아픔에 대하여 독자에게 사유를 요청하고 있는 것이다. 시인이 노래한 자연은 생명이 돌아가 안착하는 본향이나 영혼의 모태로서 자연현상과 사람들의 삶은 시의 원천이자 창작의 원동력이 되고 있는 것이다. 시인은 이렇게 시와 자연과 신앙의 순환적 관계 속에서 자신을 포함한 인간의 한계와 이것을 치료하는 하나님의 은총을 동시에 발견해 내고 있다.

3.

이어서 그의 종교적 상상력과 시적 메시지를 다시 살펴보자.

작품 「구경거리」는 구약성경의 에스겔서에 등장하는 '두로'의 모습(에스겔서 26:1~21)을 통해 우리의 착각과 교만을 질타하고 있다. 인간의 구원의 궁극적인 모습은 사실 교만과 착각을 제거하려는 신앙적 결단에서 비롯된다. 성서적 이야기를 빌어 회개해야 할 인간의 모습을 다시금 반추하도록 보여주고 있다.

> 네 지혜의 아름다운 것과 영화를 더럽히고 / 그들이 차고 있던 칼을 빼어 / 강포한 자와 함께 너를 치며 // 바다 한 가운데에서 죽임을 당한 자들처럼 / 여러 나라에서 온 이방인 손이 / 너를 구덩이에 빠뜨려서 죽게 하리니 // 아버지의 자리 곧 바다 가운데 앉은 두로야 / 너는 사람이고 신이 아니거늘 / 하나님의 마음과 동등한 체 하느냐 // 죽기를 할례 받지 아니한 자들의 죽음 같이 / 죄악이 많고 무역이 불의하여 / 땅에 던져 그들의 구경거리가 되리라
>
> -「구경거리」전부

두로는 해안 어귀에 자리를 잡고 해양 산업을 독점하며 번성했다. 모든 시설을 다 갖춘 크루즈선 같은 웅장한 배로 무역을 하며 스스로 그 배의 아름다움과 풍요를 자랑했다. 실제로 경험과 지혜가 많은 선원들이 그들에게 있었으며 교역을 통해 들어온 귀한 물

품들이 풍성했고 새로운 문물과 지식이 넘쳐나 많은 나라의 부러움을 받았으니 그 앞길에는 영광과 번영만 기다리는 듯했다. 그러나 하나님은 두로의 자랑과 교만을 심판하시고 그들이 파멸에 이르게 됨을 알린다. 그래서 에스겔에게 애가를 지어부르게 했다.

우리가 추구하는 아름다움이나 풍요함은 분명 좋은 것이지만 그것이 자랑이 되면 심판에 이르는 교만에 빠지기 쉽다. 인간이라면 누구나 완벽과 아름다움을 추구하는 성향이 있고 자랑하고 싶은 마음이 있다. 어쩌면 모든 삶의 발자취가 그런 내면의 충동에 곧잘 속아왔음도 부인할 수 없다. 시인은 우리의 삶이 교만에 빠지고 자신의 허물은 덮고 남의 허물은 들춰내는 죄를 범하는 것에 대하여 두로의 애가를 통해 하나님의 공의와 심판을 헤아리고 회개하도록 재촉해주고 있는 것이다.

시인은 때로 우리의 신앙이 일상의 만족을 구하고 자랑함이 헛됨을 자각하지만 그것들을 완전히 끊어내는 일은 인간 자신만의 힘으로는 불가능하다. 그 일은 바로 자신을 죽어야만 되는 일임을 암시하고 있다. 즉 먼저 자신을 죽이는 은총은 예수 그리스도 안에서 발견했고 그래서 날마다 그리스도와 연합하기를 힘쓰도록 안내하는 신앙적 고백을 보여주고 있는 것이다.

함창석시인의 통전적 기독교 세계관을 보여주는 시 한 편을 더 감상해보자.

모든 악을 행하는 자는 / 여호와의 눈에 좋게 보인다고 / 모여서 춤을 추어 // 그에게 큰 기쁨이 되니 / 악을 행하는 자가 번성한다며 / 모여서 노래 불러 // 사술이 판을 치는 날에 / 정의의 하나님이 어디에 계셔 / 핏 소리가 울려도 // 길 가 돌들 크게 외치나 / 지금은 성공한 자가 복되다고 / 마귀 입술 들 소곤거리네

-「은밀」전부

세상은 언제나 경쟁을 이기고 타인의 것을 빼앗아 성공을 취하고 있다. 불평등과 불공정이 만연해도 자신의 성공만을 위해 편법과 불법을 자행하고 소기의 욕망을 달성한 이들은 언제나 말한다. 정의의 하나님이 어디 있냐고? 핏 소리가 울려도, 길가의 돌들이 소리쳐도 욕망에 성공한 사람이 복되다고 떠드는 이 세상을 시인은 마귀의 입술로 규정한다. 시인은 삶의 방향이나 자세에서 이른바 성공의 방법이 아니라 하나님의 공의, 하나님의 눈을 의식해야 함을 자신의 신앙관을 통해 노래하고 있다. 성경을 성경 속에 묻어 두는 것이 아니라 그 메시지를 부단히 자신의 노래로 되새김질하는 시인의 실천적 고백이 잘 드러나는 시편이다.

4.

시인은 자신의 종교적 신념만을 노래하기보다 시의 정통성이라고 할 수 있는 서정성에도 결코 소홀히 지나치지 않고 깊은 울림을 주고 있다. 그의 서정시 중 대표적인 시 2편을 나누어 감상해보

고자 한다.

먼저 시「꽃잠」은 초임 교사시절의 애틋한 추억을 보여주는 이야기다.

> 3월 발령에 만난 여인 / 교육대학 시절에 / 같은 선택 반이던 동료로 / 영동 고속국도 공사에 / 셋방이 부족하던 / 학교 주변 상황으로 인해 // 시골교회 노 권사님이 / 기거하도록 주선 / 사택에 방을 하나 붙이고 / 잠을 자면서 매식하고 / 옆방은 여인동료 / 일 년은 먼저 자취한다며 // 세달 남짓 근무하다가 / 서로가 마음동해 / 가까이 만나기 자주 하고 / 혼전에 우리는 꽃잠을 / 간청하기 이르러 / 바로 약혼식 혼인신고 해 // 결혼예식 전 동거하며 / 가족수당을 받아 / 작은 방세에 잘 보탰으니 / 가난하던 현실 속에서 / 신혼초기 삶으로 / 그때 나이 스물일곱 살
>
> -「꽃잠」전부

가난했던 젊은 교사의 연애와 약혼 그리고 결혼에 이르는 마치 단편영화처럼 한 시절이 흐르고 있지만 이 시의 전개과정에도 사랑과 피할 수 없는 운명을 순수한 심성으로 받아들이고 있는 것이다. 불안을 껴안기보다 사랑을 붙드는 순전한 믿음을 엿보게 하는 시편이다. 사실 모든 인생이 갈등과 대립, 소외와 불안의 연속선상에 놓여있다. 이러한 욕망과 패배의 두려움에 쌓인 삶의 여정에 노출된 불안한 청춘들에게 희망의 언어를 전달하고 있는 것이다.

이어서 오늘의 시점에서 쓴 서정시 「풋노인」을 한 편 더 감상해 보면

원주 혁신도시 / 한가운데 조성된 공원 / 미리내 소호 돌섬에 / 한 마리 백로는 한참을 서서 / 고개를 가끔 흔들어 좌우를 살피고 / 소로를 걷다가 / 긴 의자에 걸터앉았다 // 수변 장목난간에 선 / 풋노인 외로이 오래 서서 / 부들 숲가로 지나는 잉어 떼를 보며 / 물이 흐르도록 / 돌 깔아 만든 어로 곁 // 호수 아래쪽 돌아가는 / 수차가 뿜어 올리는 물방울에 / 막힌 가슴이 풀리듯 시원함을 느껴 / 햇볕 따가워도 / 단풍이 들어가는 절기 / 높고 푸른 가을하늘 / 골짜기 불어오는 산들바람에 / 그리움도 잠시 / 잊어 보는 날이었네

-「풋노인」전부

우리말에 '풋내기'가 있다. 말하자면 새내기 혹은 설익은 사람 정도로 이해하면 되는 단어인데 여기에 시인은 '풋노인'이라는 시어를 창출해냈다. 아직 노인이기 싫은 노인의 모습을 통해 나이듦의 대한 쓸쓸함과 호젓함을 동시에 노래하고 있는데 도시 한가운데 조성된 공원에서 맞는 풋노인의 감성을 호수아래 수차가 뿜어내는 시원한 물방울에서 잠시 나이를 잃고 단풍드는 가을에 푹 젖어 그리움도 잊어보는 가을 삼매경을 서정적으로 그리고 있다. 어떤 주장이나 감정의 격동(激動)없이 그저 잔잔한 호수의 물결처럼 시간의 흐름을 담담히 바라보는 초로(初老)의 맑은 눈을 들여다

보는듯하다. 시는 때로 백 마디의 메시지보다 한 장의 풍경이 주는 심상(心象)이 더 가슴을 울리 때가 있다. 시인은 바로 그러한 감성을 자신만의 시풍으로 보여주는 것이다.

5.

함창석 시의 통전적 기독교세계관은 삶이라는 뜨겁고도 냉철한 현장체험과 자연에 대한 원체험을 기독교적 구원의식으로 그려내는 특징이 있다. 시인으로서뿐 아니라 신앙적 가치를 지닌 교육자로서 봉직했던 자신의 모습과 자연과 인간의 생태적 공통성을 발견하고 이를 종교적 상상력으로 하나를 이루고 있는 것을 발견할 수 있다. 창조주의 창조 질서와 구원역사는 모든 생명들의 상호희생의 섭리를 통해 가능한 것을 보여주며 무엇보다 소유와 탐욕의 굴레로부터 벗어나려는 원초적인 구원관을 나타내고 노력하고 있다.

함창석 시인은 이번 시집에서 분주했던 젊은 시절에서 좀 비켜선 오늘의 시점에서 들려주는 사람과 자연이 더불어 창조주 하나님과 구원자 예수에 대한 겸손한 믿음을 지키고자 써내려간 시적 고백은 신앙심을 가진 독자에게 남다른 성찰을 요청하는 역할을 하고 있다.

혹자들은 기독교적 문학이 지나치게 제한적이고 관념적이라고 폄하하지만 문학적 소양을 뛰어넘는 영성이 담긴 상상력과 진심

어린 구원의 고백으로서 시적 표현이 담겨있다면 그 작품은 세속적 평가를 넘어 신앙인에게 가장 위대한 문학이 될 것임을 시인의 작품을 통해 발견할 수 있다. 이제 시인은 이러한 기독교적 구원의식을 통한 작품이 더욱 깊어지고 넓어짐으로 많은 이에게 영성의 깊이와 삶의 빛을 더하여 주길 기대해본다.

함창석 시인

1952년 강원도 횡성 태생
춘천교육대학교 졸업
상지대 교육대학원 국어교육과 졸업
월간〈향기나는생각〉
문예지 〈초우문학〉등 작품 활동,
〈횡성 태기문예지〉, 여주세종신문 시 당선
전 경기광주초등학교 교장
원주봉산교회 장로
시집〈꽃 진자리 꽃 피고〉발간(2019)